LES ACTEURS
A L'ÉPREUVE,

VAUDEVILLE ÉPISODIQUE,

EN UN ACTE.

Par MM. SEWRIN et CHAZET.

Représenté, pour la première fois, à Paris, sur le Théatre des Variétés, boulevard Montmartre, le 7 Juin 1808.

Prix : 1 fr.

A PARIS,

Chez Madame CAVANAGH, Libraire du Théatre des Variétés, Passage du Panorama, N°. 5, près du Boulevard.

1808.

PERSONNAGES.	ACTEURS.
M. DUPRÉ, directeur de spectacle.	M. DUVAL.
POULOT, niais.	⎫ Joués par le même
DROGUANT, médecin.	⎬ acteur.
FORSEC, parasite très-maigre.	⎱ M. ARMAND.
MESURE, tailleur.	
NICETTE.	Mlle. MONTANO.
UN DOMESTIQUE.	M. AUDRY.

La scène est à Paris, chez M. Dupré.

LES ACTEURS A L'EPRÉUVE.

SCENE PREMIERE.
DUPRÉ, seul.

Enfin, grace à mon activité, j'espère que ce matin ma troupe sera complète; je ne dois rien négliger pour plaire au public, j'avais besoin d'une cantatrice, j'en ai une en vue; il me fallait un acteur en état de se multiplier pour remplir différens emplois, je crois que Dorval est ce qu'il me faut. Nous sommes à-peu-près convenus de nos faits, je l'attends ce matin à déjeûner. On vient, serait-ce lui? (*Il voit Poulot qui entre.*) Oh, non, à coup sûr ce n'est pas là un acteur.

SCENE II.
DUPRE, POULOT, UN DOMESTIQUE.

LE DOMESTIQUE.

Monsieur, voilà un garçon qui demande à vous parler.

DUPRÉ, à Poulot.

Un instant, s'il vous plaît. (*Au domestique.*) Avez-vous été chercher?...

LE DOMESTIQUE, *lui remettant des papiers.*

Les voilà.

(*Scène muette entre Dupré et son domestique, pendant que Poulot dit l'à-parte suivant.*)

POULOT, à part, d'une voix naturelle.

Mon ami Dorval, ayant trouvé un engagement plus avantageux, veut me procurer celui-ci; tâchons de plaire au directeur par quelques scènes que j'ai préparées.

DUPRÉ, au domestique.

Vous porterez toutes ces lettres à leur adresse.

LE DOMESTIQUE.

Il suffit, Monsieur.   (*Il sort.*)

SCENE III.
DUPRE, POULOT.

POULOT, *prenant une voix niaise.*

Monsieur, pardon, excuse...

DUPRÉ.

De quoi donc, mon ami?

POULOT.

De ce que vous m'avez fait attendre.

DUPRÉ, *à part.*

Quel est cet original ? (*Haut.*) Dites moi, mon ami, comment vous nommez-vous ? Vous ressemblez à un Jocrisse que j'ai vu, et...

POULOT.

Je vois que vous me prenez pour un autre ; je m'appelle Poulot, et chez mon premier maître, j'étais cuisinier, sommelier, etc.

Air : *de la croisée.*

Je m'mêlais d'tout avec esprit,
Jamais i n'me fit un reproche ;
D'abord à la cave il me mit,
Ensuite il me mit à la broche ;
Puis il veut m'mettre au ratelier ;
Je veux résister, je m'emporte,
Et pour n' pas me contrarier,
Il me met à la porte. (*bis.*)

DUPRÉ.

Enfin, que demandez-vous ?

POULOT.

Oh ! je ne demandons qu'à nous asseoir, (*Il s'assied.*) parce que j'ai tant trimé que les jambes me rentrent dans le corps.

DUPRÉ.

On ne s'en douterait pas ; mais enfin que voulez-vous ?

POULOT.

Vous attendez ce matin M. Dorval ?

DUPRÉ.

Oui, je l'attends à déjeuner.

POULOT.

Eh ! bien, je parie que monsieur ne s'est pas tant seulement encore douté que j'étions son domestique.

DUPRÉ, *retire brusquement la chaise et le jette par terre.*

Comment, tu oses prendre la liberté...

POULOT.

Mais non, Monsieur, je n'ai pris qu'une chaise par irrévérence.

DUPRÉ.

Où diable Dorval a-t-il déterré un valet comme celui-là ?

POULOT.

Ah ! dame, c'est dans les petites affiches. Comme ce journal là est commode !

Air : *Cinquième édition.*

On y peut lir' tous les matins
L'annonce de quelque merveille,
Et l'éloge des médecins
Tout auprès des morts de la veille ;

Le nom des piéc' qui vont passer,
Les énigmes qu'on n'peut comprendre,
Et les domestiq' à placer,
A côté des bêtes à vendre.

DUPRÉ.

Tout ça est bien arrangé !

POULOT.

Moi, Monsieur, M. Dorval m'a pris sur une annonce qui m'annonçait joliment ; je l'ons encore sur nous.

DUPRÉ.

Oh ! je ne suis pas curieux.

POULOT.

C'est l'histoire d'un rien. (*Il lit.*) « Ignace Poulot
» sortant de place désire y rentrer, pourvu qu'il trouve
» un maître qui ait de bons répondans ; comme ledit
» Poulot ne sait pas raser, il préférerait que ce particu-
» lier fut une dame ; il prévient aussi qu'il ne pourrait
» servir une maison habitée par des chevaux, mais il est
» très-familier avec les ânes et les dindons ; celui qui le
» prendra le reconnaîtra pour tel. »

DUPRÉ.

Parbleu ! voilà une annonce bien fidèle ! mais je m'amuse à t'écouter... et tu ne me rends pas compte de ce que me veut Dorval ?

POULOT.

Ah ! v'là ce qu'il m'a chargé de vous dire ; il m'a dit, dit-il, va-t-en...

DUPRÉ.

Je t'en dirais bien autant ; mais enfin...

POULOT.

Va-t-en chez M. Dupré et dis-y qu'il n'compte pas sur moi pour ce matin.

DUPRÉ.

Comment donc ? et pourquoi ?

POULOT.

Parce que je suis indisposé.

DUPRÉ.

Ces choses là sont faites pour moi.

POULOT, *avec mystère.*

Chut !...

DUPRÉ.

Eh ! bien ?

POULOT.

Ne lui dites pas ce que je vais vous dire au moins.

DUPRE, *impatienté.*

Non, non... après.

POULOT.

Vous croyez p't'être qu'il est indisposé ?

DUPRÉ.

Quoi ! me tromperait-il ?

POULOT.

Oui, monsieur... (*Il le tire à l'écart.*) Il est malade à en mourir ; s'il n'y prend garde, sous trois jours je serai encore à louer.

DUPRÉ, *en colère.*

Mais le diable s'en mêle, je crois.

POULOT.

Non, monsieur, ce sont deux médecins qui l'ont entrepris.

Air : *Ça n'se peut pas.*

A sa façon chacun le traite,
De son fait aucun n'est certain,
L'un tât' son pouls, l'autre sa tête ;
L'un parle grec, l'autre latin,
A l'eau de riz l'un veut le mettre,
L'aut' dit que l'eau d'veau convient mieux,
Avec leurs eaux, moi j'vois mon maître
　　Entre deux feux.　　　(*bis.*)

DUPRÉ.

Que faire pour mon spectacle ? où trouver quelqu'un qui remplace...

POULOT.

Me v'là, moi, monsieur.

DUPRÉ.

Toi, mon pauvre garçon ?

POULOT.

Moi-même, écoutez bien. (*Il chantonne en haute contre.*) Coulez, coulez, petits oiseaux.... (*En basse taille.*) Volez, volez, petits ruisseaux... Vous voyez, je chantons dans le haut, dans le bas, dans le milieu, et quelquefois dans le fossé.

DUPRÉ, *à demi voix.*

C'est unique, comme la présomption est de toutes les classes. (*Haut.*) Allez retrouver Dorval, revenez tantôt, et apportez moi de ses nouvelles.

POULOT.

Monsieur, je me ferai cet honneur là avec plaisir ; mais si monsieur ne m'engage pas, me permet-il de l'engager ?...

DUPRÉ.

A quoi ?

POULOT.

Je le prierais, en cas que...

DUPRÉ.

Eh bien ! en cas que... Dépêchez vous donc ?

POULOT.

En cas que je quitte M. Dorval, à cause de sa mort....

DUPRE.

Ma foi, j'y consens... les serviteurs spirituels sont souvent si fripons !...

POULOT.

Monsieur voit à ma figure que je suis honnête.

Air: *de l'Avare*

Monsieur, tout ce que je sais faire
Je vous l'ai dit en peu de mots,
Bientôt vous me prendrez, j'espère,
Je me garantis sans défauts : (bis.)
Daignez accueillir ma supplique,
Sur ce je suis très humblement,
Votr' serviteur, en attendant
Que je sois votre domestique.

(*Il sort.*)

SCENE IV.
DUPRE, seul.

Ce Poulot m'a amusé un instant ; mais je ne m'en vois pas moins dans un grand embarras. Dorval me fait faux bond et je ne retrouverai pas facilement un pareil acteur. C'était une troupe entière. Il est vrai que l'on ne peut pas trop compter sur le rapport d'un valet aussi niais. Son maître n'est peut-être pas si mal.... maladies d'acteurs ne passent pas ordinairement pour bien dangereuses. Un moment; celui-ci a deux médecins ; je ne voudrais pas en répondre. Le plus sûr, je crois, serait d'aller m'en éclaircir moi-même... Oui, c'est là le meilleur parti... Je vais passer un habit, et... mais quelqu'un vient.

SCENE V.
DUPRE, M. DROGUANT, médecin.

DUPRE, *à demi voix.*

Ah! ah! celui-ci pourrait bien être un acteur.

DROGUANT, *à part.*

Prêt à vous jouer, mon cher directeur ; il ne me reconnaît pas.

DUPRE.

Je me doute, monsieur, de ce qui vous amène, vous aurez appris que ce pauvre Dorval...

DROGUANT.

Comme vous dites, il est dans un fâcheux état.

DUPRE.

Réellement ? vous en êtes sûr ?

DROGUANT.

Comme vous dites, je sais cela de la première main.

DUPRE.

Monsieur est peut-être son ami?

DROGUANT.

Je suis son médecin.

DUPRE.

C'est différent.

DROGUANT.

Comme vous dites.

DUPRE.

Mais enfin tout n'est pas désespéré?

DROGUANT.

Oh! non.

Air: *du maître d'école.*

Il m'a semblé que ma présence,
A l'instant redoublait ses maux,
Pour calmer un peu sa souffrance,
J'ai dû le laisser en repos ;
Heureux effet de ma science,
Tout à l'heure, un de ses neveux
M'a dit que, depuis mon absence,
Il se trouvait beaucoup mieux.

DUPRE.

Cela prouve votre talent.

DROGUANT.

Comme vous dites.

DUPRE.

Et vous dites donc, vous, Monsieur, que la maladie de Dorval est...

DROGUANT.

Fièvre violente, qui n'a pas encore de caractère, mais je me charge de lui en donner un.

DUPRE.

Je crois que cela ne sera pas long; mais d'après ce que son valet m'a dit, il y a auprès de lui un autre de vos confrères...

DROGUANT.

Comme vous dites.... Il y était; mais il n'y est plus; cet homme là n'était pas fait pour opérer avec moi.

DUPRE.

J'entends, c'était un ignorant...

DROGUANT.

Comme vous... (*Il se mouche.*)

DUPRE.

Hein?

DROGUANT.

Comme vous dites, avant de rien donner au malade.

Air : *c'est Zéphir plus léger.*

Moi j'ai voulu qu'entre nous deux,
Il prononçât sans plus attendre,
Et connaissant mon nom fameux,
C'est moi seul qu'il a voulu prendre ;
Il était temps que pour Droguant
Il décidât ; je dois le dire,
Le pauvre homme, en me choisissant,
Etait déjà dans le délire.

DUPRE.

Je n'ai pas de peine à le croire ; mais M. Droguant, Dorval a besoin de vos soins, et je me reprocherais d'abuser plus long-temps...

DROGUANT.

Comme vous dites, il faut que je parte ; mais il faut aussi que je vous parle de l'objet qui m'amène chez vous.

DUPRE.

Il est temps, que puis-je faire pour votre service ?

DROGUANT.

Vous pouvez m'être fort utile ; vous êtes directeur d'un spectacle ? je vous demande, moi, la direction de la santé de vos acteurs.

DUPRE.

Pardon, monsieur ; mais ceci est un peu délicat.

DROGUANT.

Comme vous dites ; mais je serai l'homme de la direction.

Air : *de Guillaume.*

Si quelqu'acteur fidèle à sa coutume,
Feignait de tousser, aussitôt
Je dirais, ce qui vous enrhume,
C'est une avance qu'il vous faut :   (bis.)
Puis je dirais à l'actrice coquette
Qui de la tête se plaindrait,
Vous avez pris ce mal de tête...

DUPRE.

Où ?

DROGUANT.

Sous votre bonnet,
Oui, sous votre bonnet.   (bis.)

DUPRE.

Cela peut-être fort utile, et pour tous vos soins vous demanderiez ?...

DROGUANT.

Mes entrées à la comédie.

2

DUPRE.

Quoi! même quand on donnera *le Médecin malgré lui, le Malade imaginaire?*

DROGUANT.

Comme vous dites, Molière ne nous fait pas peur.

Air : *trouverez-vous un Parlement.*

>Malgré lui cet auteur malin
>Nous place au temple de mémoire,
>Une épigramme de sa main
>Vaut une page dans l'histoire;
>Je sais qu'il voulut nous railler,
>Qu'il fut ardent à nous poursuivre,
>Mais en croyant nous immoler,
>Pour jamais il nous a fait vivre.

DUPRE.

C'était généreux à lui.

DROGUANT.

Oui, Monsieur, tout Molière qu'il est, il n'a pu tuer les médecins.

DUPRE.

Parbleu! je le crois bien ; il n'aurait plus rien eu à leur reprocher. Au reste, monsieur, je songerai à votre proposition.

DROGUANT.

Comme vous dites ; je vous laisse mon adresse ; Droguant, docteur en médecine, rue du Hasard.

Air : *une fille est un Oiseau.*

>Si vous daignez m'accepter,
>Sensible à la préférence,
>Je veux par reconnaissance,
>Etre seul à vous traiter.
>Reconnu pour très habile,
>Je vais visiter par mille,
>Des malades du haut stile,
>J'en ai dans chaque quartier ;
>Mais quand vous serez des nôtres,
>Monsieur, avant tous les autres,
>Je veux vous expédier.

(*Il sort.*)

SCENE VI.

DUPRE, *seul.*

Ce pauvre Dorval est en bonnes mains... Charger un pareil homme de soigner mes acteurs, ce serait adroit; quand il aurait entrepris l'un d'eux, je pourrais sur-le-champ en engager un autre. Avec tout cela, je n'ai point encore fait de démarches pour me procurer le sujet qu'il me faut. Un autre objet encore m'inquiète, je voudrais trouver le canevas d'une petite pièce destinée aux débuts de mes nouveaux acteurs... Mettons-nous à déjeûner. Les bonnes idées, dit-on, viennent toujours à table. Ne négligeons pas un moyen aussi simple... Labrie!... apporte-moi mon déjeûner.

SCENE VII.

DUPRE, M. FORSEC.

FORSEC.

Pardon, Monsieur, j'ai mal choisi l'instant, je le vois ; mais désirant vous entretenir d'une affaire importante....

DUPRE.

Il est vrai, Monsieur, que j'allais déjeûner ; mais cela peut se remettre. Je vais dire que l'on attende.

FORSEC, *l'arrêtant.*

Non, non, gardez-vous en bien ; l'appétit ne s'ajourne pas.

DUPRE, *le considérant à part.*

Le pauvre diable ! Je crois qu'il parle par expérience. (*Haut.*) Faisons mieux, Monsieur, veuillez prendre votre part de ce repas, ensuite....

FORSEC.

Ah ! Monsieur, il m'est impossible....

DUPRE.

D'accepter ?

FORSEC.

De refuser une proposition si aimable... Mais de grace, point de façons.

DUPRE.

Je fais comme vous. Monsieur déjeune à la fourchette ?

FORSEC.

Monsieur, en fait de repas, j'ai peu d'habitude ; mais :

Air : *j'ai vu partout dans mes Voyages.*

  Les déjeûners à la fourchette,
  Ont bien pour moi quelques attraits ;
  L'art de bien vivre, à leur recette,
  De nos jours doit tous ses progrès :
  Autrefois des gourmans vulgaires
  Ne savaient rien imaginer ;
  De tous les dîners de nos pères,
  Nous ne ferions qu'un déjeuner.

(*Le domestique apporte une table garnie.*)

DUPRE.

Monsieur, voici le mien.

FORSEC, *se précipitant à table.*

Je veux vous éviter la peine de me placer.

DUPRE.

Mais il n'y a qu'un couvert. Labrie ! il en faut un second.

LE DOMESTIQUE.

Je vais en chercher un là haut.

FORSEC, *mangeant très vite.*

Pardon, si je ne vous attends pas ; mais je suis un peu pressé.

DUPRE.

Comment donc, à votre aise. Vous ne voulez pas de raves ?

FORSEC.

Viande creuse, je vais plutôt tomber sur les côtelettes... Ah ! que ça fait de bien !

DUPRE, *à part.*

Comme il y va !

FORSEC, *toujours mangeant vite.*

Et ce pâté.... Ah ! quelle croûte ! (*Il se verse à boire, et boit coup sur coup.*) Mais ça fait boire ?... Je vais dire aussi un petit mot à ce biffeteck.

DUPRE, *à part.*

Encore un moment, et il ne restera rien. (*Haut.*) Labrie ! Ce coquin là ne reviendra pas.

FORSEC, *dévorant.*

Il y a des gens qui sont d'une lenteur !....

DUPRE, *à part.*

Ce n'est pas vous toujours. (*Haut.*) Labrie... Maudit valet ?

FORSEC, (*achevant les plats tour à tour.*)

Air : *mais ma mère, est-ce que j'sais ça ?*

A des gens de cette clique
Pouvez vous vous asservir ?
Je n'ai point de domestique,
Je sais tout seul me servir ;
Comme ce ragoût m'excite !
Je le finis, il le faut.
Si je le mange si vite,
C'est qu'il ne serait plus chaud. (*bis.*)

DUPRE, *à part.*

Voilà des principes. (*Haut.*) Mais vous ne buvez pas.

FORSEC, (*achevant la bouteille.*)

Moi pour le jus de la treille
Je n'ai pas un goût bien vif,
Si j'achève la bouteille,
Voici quel est mon motif ;

Le vin s'aigrit tout de suite,
Quand Phébus lance ses traits,
Et si je le bois si vite,
C'est quil ne serait plus frais.   (bis.)

DUPRE.

Grande prévoyance !

LE DOMESTIQUE, *rentrant.*

Monsieur, voici un couvert.

DUPRE.

Il est bien temps !   (*Le domestique sort.*)

FORSEC.

A présent, mon cher hôte, à votre tour ; cela ne vous empêchera pas de m'entendre.

DUPRE.

Pour mieux vous écouter, je ne déjeûnerai qu'après ; ainsi soyez bref.

FORSEC.

Oh ! l'expédition est mon fort. Voici le fait : je me nomme Forsec et vous voyez que je n'ai pas volé ce nom là, le mélodrame est l'âme d'un théâtre et le vôtre sans doute...

DUPRE.

Vous vous trompez.

Air : *des Visitandines.*

C'est un bâtard de Melpomène.
Qui chez moi ne doit pas entrer.

FORSEC.

Bâtard ! sa fortune est certaine,
On les voit toujours prospérer.   (bis.)
Puis, grace au gout qui dégénère,
Les tragiques ne faisant rien,
Ce fils naturel pourrait bien,
Un jour hériter de sa mère.   (bis.)

DUPRE.

Mais enfin quel rapport y a-t-il entre le mélodrame et vous ?

FORSEC.

Regardez-moi, ne suis-je pas né pour jouer les traîtres, les tyrans, les revenans, les inquisiteurs, les diables et les voleurs ?

DUPRE.

Malheureusement, monsieur, je n'ai point de quoi vous employer ; mais si je puis vous être utile auprès de quelqu'un de mes confrères...

FORSEC.

Réfléchissez y, je vous prie, je viendrai savoir la réponse à l'heure de votre diner.

DUPRE, *vivement.*

Pardon, je ne dîne pas chez moi.

FORSEC.

Alors demain à votre déjeûner.

Air : *d'Alcibiade.*

Oui, c'est à l'heure des repas
Que les gens sont meilleurs à prendre,
Ils sont toujours, en pareil cas,
Mieux disposés à nous entendre,
Sans effort on se laisse aller,
On cause, on discute, on disserte,
Il n'en coûte rien pour parler,
On a déjà la bouche ouverte.

DUPRE.

A demain donc.

FORSEC.

A demain, de bonne heure.   (*Il sort.*)

SCÈNE VIII.
DUPRE, *seul.*

Voilà une visite dont je me souviendrai, c'est un homme qu'il ne faut jamais voir à jeûn. Les bonnes idées viennent à table, me disais-je. Je n'en ai pas eu une fort heureuse de me faire servir mon déjeûner. Ce diable d'homme m'a tellement dérangé que je ne sais plus ce que je voulais faire. Remettons-nous. Je cherchais le canevas d'un petit prologue. Supposons trois personnages ridicules... D'abord c'est l'imbécile qui entre.

SCÈNE IX.
DUPRE, MESURE.

MESURE.

J'arrive à propos... Monsieur z'est seul et pourra m'accorder z'un moment d'entretien.

DUPRE.

Puis-je savoir, monsieur, ce qui m'attire l'honneur....

MESURE.

Monsieur, je me nomme Mesure, je suis tailleur pour vous servir, zet...

DUPRE.

Pardon, mais je n'ai besoin de rien, z'en ce moment.

MESURE.

Aussi z'est-ce un autre sujet qui me conduit z'ici, je sais que Monsieur a entrepris z'un spectacle assez conséquent.

DUPRÉ.

Eh! bien?

MESURE.

Moi, j'ai t'entrepris depuis long-temps une pièce dramatique que je veux mettre z'au jour.

DUPRE.

En vérité?... M. Mesure a été électrisé par l'exemple d'un cordonnier devenu illustre.

MESURE.

Oui, monsieur. Quand j'ai vu de quel pas il allait à la gloire, j'ai dit : ne restons pas les jambes croisées.

Air : *d'abord je chante.*

Ce noble exemple m'entraîne,
Il est fait pour m'éveiller ;
Il travaille à perdre haleine,
En plein drap je sais tailler ;
J'ai sur lui ; je le confesse,
Des droits que je puis citer.
Un tailleur, en fait de pièce,
A coup sûr doit l'emporter. (bis.)

DUPRE.

Quand ce ne serait que par habitude.

MESURE.

Monsieur s'amuse; mais quand il connaîtra ma comédie....

DUPRE.

Je ne m'amuserai plus, c'est très possible ; ainsi c'est une comédie ?...

MESURE.

Oui, Monsieur, c'est z'une comédie, mais z'où la gaîté z'est mélangée par un intérêt si doux... je vois d'ici le spectateur pleurant d'un œil et riant de l'autre.

DUPRE.

Ce serait incommode pour les borgnes... Du reste, Monsieur a sans doute déjà lu sa comédie?...

MESURE.

J'en ai même fait jouer une ; c'est moi qui enrichissais le théâtre de l'Estrapade quand il a fait banqueroute.

DUPRE.

Et on vous a joué?

MESURE.

Oui, Monsieur, les acteurs, le public, tout le monde s'en est mêlé.

Air : *la Parole.*

Mes garçons ayant tous le fil,
Je les avais mis au parterre,
J'avais chargé le plus subtil
De diriger la troupe entière.
Tout allait bien... fatal destin !
Au dénoument quelques murmures
De la pièce ont troublé la fin,
Et mes garçons le lendemain
M'ont tous demandé (*bis*) des coupures.   (*bis.*)

DUPRÉ.

Cela vous coûte si peu.

MESURE.

même air.

Peut être avec de bons acteurs,
J'aurais pu charmer le parterre,
J'avais demandé les meilleurs,
Pour être plus certain de plaire ;
Par leurs talens j'aurais brillé,
Mais malgré toutes mes mesures,
Ne soyez pas émerveillé,
Si je fus très mal habillé,
On m'avait donné (*bis*) les doublures.   (*bis.*)

DUPRE.

Vous vous êtes vengé par une autre pièce ?

MESURE.

Que vous allez entendre.
(*En disant cela, il a traîné près de la sienne la chaise de Dupré.*)

DUPRE, *à part.*

Comment m'en débarrasser ?

MESURE.

M'y voilà. (*Il lit.*) « L'habit z'à la française, en 5 actes. »

DUPRE.

C'est un peu long.

MESURE.

M. Grands-airs ouvre la scène en fermant la porte, et dit à son valet. « Passe-moi, maraud, cet habit à la française. » Vous voyez comme on entre dans le sujet ?

DUPRE, *impatienté.*

Oui, mais moi je sors.

MESURE.

J'entends, je vois que vous refusez la pièce sur l'échantillon ; il ne me reste plus qu'une ressource, j'ai une pantomime dont les chevaux n'ont pas voulu, je vais la porter aux chiens.

Air : *la femme est une rose.*

    Paris, et la banlieue,
    Viennent les visiter,
    Ils ont toujours la queue,
    Cela doit me tenter ;
    Pour grossir les recettes,
    Les montrant tous en bloc,
    Du théâtre des bêtes
    J'espère être le coq.   (3 fois.)

(Il sort.)

SCENE VIII.
DUPRE, seul.

Un tailleur métromane ! c'est une épidémie ! et où en serons-nous, si, parce qu'un artisan s'est fait remarquer par un talent naturel, tous les autres vont s'imaginer qu'ils sont nés pour être de grands hommes. Il semble que tous les originaux de Paris se soient donné rendez-vous chez moi. Un valet plus bête que Jocrisse, un médecin plus ignorant que les autres, un parasite effronté, un tailleur bel esprit, et dans tout cela pas d'acteur, je serai obligé de mettre sur l'affiche : relâche par indisposition. Non, non, coûte qui coûte, il faut jouer... Encore un importun ! celui là, je l'aurai bientôt congédié.

SCENE VII.
DUPRE, POULOT.

DUPRE.

Comment, encore Poulot !

POULOT.

Oui, monsieur, me v'là revenu.

DUPRE.

Avez-vous de bonnes nouvelles à m'apprendre ?

POULOT.

Oh ! mon dieu oui, monsieur, c'est à dire pas trop ! le médecin est toujours avec mon maître.

DUPRE.

Cela n'est pas rassurant.

POULOT.

Mais c'est égal, puisque j'ai promis de ne pas vous abandonner.

DUPRE.

C'est bien aimable à vous.

POULOT.

Vous savez bien c'te jeune actrice que M. Dorval vous avait promise ; eh ! ben, elle est disparue.

DUPRE.

Comment disparue !

POULOT.

Eh! oui, elle est, dit-on, partie pour... bien loin!... Pour la Ru...

DUPRE.

Pour la Ru...

POULOT.

Pour la Russie.

DUPRE.

Pour la Russie!

POULOT.

Oui, Monsieur.

Air : *on doit soixante mille francs.*

Ses amis, malgré leur désir,
Si loin n'iront pas l'applaudir,
   C'est ce qui la désole ;   (bis.)
Mais plus d'un importun témoin
N'ira pas la chercher si loin,
   C'est ce qui la console.   (bis.)

DUPRE.

C'est bien quelque chose.

POULOT.

D'ailleurs, comme dit la chanson de deux sous que je viens d'acheter.

Air : *que m'importe ma liberté.*

Quand le doux printemps dans nos bois
Ramène les jeux sur son aile,
Doit on au pays des grands froids,
S'étonner de voir une belle?
En tous lieux les fougueux autans,
Respectent la reine des grâces,
Elle aura partout le printemps,
Puisque Zéphyr est sur ses traces.   (bis.)

DUPRE.

Fort bien! et moi, je trouverai une actrice où je pourrai.

POULOT

Quand je vous dis que je vous tirerons de là.

DUPRE.

En vérité? voudrais-tu par hazard jouer aussi les amoureuses?   (Il rit.)

POULOT.

Vous allez voir si je vous mentons. (*Appelant.*) Nicette! Nicette!

SCENE XII, et dernière.

Les Mêmes, NICETTE, *en jeune paysanne niaise.*

DUPRÉ.

Qu'est-ce que c'est que cette Nicette?

POULOT.

C'est ma sœur, pour vous obéir. Saluez, Mamzelle, plus bas donc... Et t'nez vous droite comme moi.

DUPRÉ.

Ah çà, et pour quel sujet m'amenez-vous Mademoiselle?

POULOT.

Pour jouer la comédie, donc.

DUPRÉ.

La com... (*Il rit.*) Ah! ah! ah! ah!

POULOT.

N'est-il pas vrai, ma sœur, que tu veux bien faire les amoureuses?

NICETTE, *niaisement.*

Dame! c'est d'mon âge...

Air : *Lisbeth.*

Lucas qu'est un garçon charmant,
Plus d'une fois m'a dit : Nicette,
Pour ce qu'est en fait d'sentiment,
J'crois qu'tu réussiras vraiment;
Pourtant je n'me crois pas parfaite,
J'n'ons encore fait l'amour qu'aux champs,
Et cela n'est pas difficile,
On dit qu'il faut ben plus d'talens,
Pour jouer (*bis*) l'amour à la ville. (3 fois.)

DUPRÉ.

C'est surtout pour chanter qu'il faut du talent.

POULOT.

Oh! pour c'qui est d'çà, elle s'en tire joliment.

DUPRÉ.

Je le crois.

POULOT.

Allons, chante donc.

DUPRÉ.

A propos, quel a été votre maître de musique?

NICETTE, *avec une révérence.*

Le serpent de notre paroisse, Monsieur.

DUPRÉ.

Je m'en doutais.

NICETTE.

Air : *c'est un enfant.*

De c'maîtr' là, vous pouvez m'en croire,
Le choix n'était pas si nigaud,
J'ons lu dans l'enfance une histoire
Qui vous le prouv'ra, s'il le faut.
    D'la première femme
    Qui sut former l'âme,
    Orner l'esprit trop innocent ?
    C'est un serpent. (bis.)

DUPRE.

Comment diable !

POULOT.

Chante, ma sœur, chante... queuqu'chose de gentil, de pathétique, de...

DUPRE.

Oui, une romance, par exemple.

POULOT.

Une romance, c'est ça... Allons, Nicette, lâche la romance.

DUPRE.

Ecoutons la romance.

NICETTE.

(1.er acte de Créqui.) Air : *de vos bontés, de son amour.*

L'amour qui fut long-temps heureux
Dans le sein d'une paix parfaite,
Pour son malheur formant des nœuds,
Fit naître une fille inquiète.
Otons le bandeau de l'amour,
Dit aussitôt la jalousie,
Il est juste de rendre au jour
Celui qui m'a donné la vie. (bis)

DUPRE, *étonné.*

Comment donc ? Mais, à merveille ! (*A part.*) C'est un piége qu'on veut me tendre. (*Haut.*) Continuez, mon enfant, continuez.

NICETTE.

Bientôt du jour le vif éclat
Fatigua l'enfant de Cythère,
On sait que son œil délicat
Ne peut soutenir la lumière,
Ainsi pour éclairer l'amour
La trop crédule jalousie,
Par une erreur priva du jour
Celui qui lui donna la vie.

DUPRE, *à part.*

Allons, décidément je suis joué ; mais voyons jusqu'au bout.

POULOT, *bas à sa sœur.*

Je crois qu'il commence à se douter de l'affaire.

DUPRE, *à Nicette.*

Je vois, ma fille, que je vous avais mal jugée ; mais avant de vous confier le rôle de mon amoureuse fugitive, il faut que j'aie une preuve de plus de vos talens. Dites-moi, Mademoiselle Nicette, dans votre village, où l'on a si bien dirigé votre goût, vous a-t-on aussi appris à chanter le rondeau ?

POULOT.

Si elle chante le rondeau ! ah ! et rondement encore... à livre ouvert. (*Il prend un livre de musique.*)

DUPRE.

En ce cas, Mademoiselle, choisissez, ou bien le premier venu, tenez, celui-ci ?

POULOT.

Allons, ma sœur, file nous ça gentiment comme tu sais.

NICETTE.

RONDEAU.

Jeunes amans, craignez d'une coquette
Le faux brillant, le langage imposteur,
Pour la beauté simple, tendre et discrette,
Conservez toujours votre cœur.
Souvent l'Amour n'est qu'une erreur ;
Ne prenez pas pour une flamme
Un feu léger, toujours trompeur,
Ne prenez pas l'esprit pour l'âme,
Et le plaisir pour le bonheur.
Trop souvent un jeune cœur, en un moment s'enflamme.
Hélas ! jeunes amans, etc.
Sentir, penser, agir de même,
Et n'être qu'un quand on est deux,
Sur les désirs de ce qu'on aime
Fixer ses gouts, régler ses vœux,
Pour un seul aspirer à plaire,
Pour être heureux, être constant,
Pour être aimé, toujours sincère,
Ah ! c'est charmant !
Mais prudemment,
Jeunes amans, etc.

DUPRE, (*enthousiasmé.*)

Comme un ange ! comme un ange !

POULOT.

C'est pas l'embaras, c'est joliment roucoulé.

DUPRE.

M. Poulot, vous jouez fort bien l'imbécille. Mais de grace, plus de déguisement ; et vous gentille Nicette, reprenez vos graces naturelles, et daignez m'apprendre enfin...

POULOT.

Cette lettre, Monsieur, vous dira tout, Dorval m'avait chargé de vous la remettre.

DUPRE, *lit.*

« Mon cher Dupré, il m'est imposible d'accepter l'enga-
» gement que vous me proposez; mais les deux artistes
» que je vous adresse vous en dédommageront. Une mé-
» moire facile, beaucoup de zèle et de bonne volonté de
» leur part rempliront le but que.. (*S'interrompant.*)
» Parbleu! vous ne me quitterez plus, je rends grace à
» mon ami Dorval, et j'espère gagner toujours en met-
» tant vos talens à l'épreuve.

VAUDEVILLE.

Air: *de l'Opéra-Comique*

POULOT.

Ah ! combien d'erreurs ici bas,
Probité que l'on croit solide
Pour un peu d'or fait un faux pas :
Femme, qu'on croit franche, est perfide ;
Un ami, que l'on croit parfait,
De ses torts vous donne la preuve,
Dans ce monde heureux qui pourrait
    Tout choisir à l'épreuve.   (bis.

NICETTE, *au Public.*

Quand la bienveillance applaudit,
Notre zèle devient extrême,
Jamais il ne se ralentit,
Il renaît de vos bontés même,
Puissions nous, d'un si doux appui
Quand nous vous demandons la preuve,
De votre indulgence aujourd'hui
    Faire encore une épreuve.   bis.)

FIN.

De l'Imprimerie de F. BRETON, place Maubert,
N°. 17, derrière le corps-de-garde.

www.ingramcontent.com/pod-product-compliance
Lightning Source LLC
Chambersburg PA
CBHW070522050426
42451CB00013B/2809